JN408708

N극과 S극

한승홍 5시집

문학공원 시선 191

N극과 S극

한승홍 5시집

문학공원

〈序詩〉

어머니, 나의 생명나무여!

나는 늘 세계 밖으로 내던져진 듯
소외된 이방인인 듯
그렇게 잠재의식에 갇혀 지내고 있었지만
때로는 당신의 너른 품에서
평화로운 꿈을 꾸며 잠들고
당신의 따뜻한 가슴에서 새날을 맞곤 했어요

외로운 개체의 집합된 의식에는
내일이 오늘보다 더 포근하고 밝게 다가올
그래서 나도 그날을 만들어가곤 했는데
당신을 의지하고
당신의 가슴에 안겨
삶의 참과 가치의 진수를 배워왔는데

당신은 나의 삶이었고
당신이 펼쳐준 푸른 초원의 넓은 세계는
나의 고향이었으며
나를 만들어갔던 생명이었는데

이제 내가 스스로 설 수 있고
생각할 수 있고
판단할 수 있게 되면서
나는 당신의 몸이 점점 일그러지고 피폐해가며
온몸이 병들어가는 현실에 가슴이 아팠습니다

망향의 슬픔 같은 애절함이 나를 엄습합니다
어찌하여 당신은 갈기갈기 찢겨 만신창이가 되었고
눈물로 밤을 지새워야 하는 신세가 되었나요
내 가슴이 온통 무너져 내립니다

황무지에 던져진 민초들은 우짖으며 울고 있고
돌개바람에 열매도 못 맺고 떨어지는 꽃잎은
눈물로 당신의 몸을 덮고 있으니
이게 어찌 된 연고인가요
하늘이 울고 땅이 통곡하는 거기
당신은 이제 얼마 남지 않은 저승의 길목에서
온갖 상처로 쓰러져 몸을 비틀고
목을 움켜잡으며 고통스레 죽어가네요

어머니, 나의 생명나무여!
내가 있도록 나를 만들어가며
나의 미래를 열어주셨던 당신
이렇게 내일을 알 수 없는 암흑의 시대에
당신은 죽어가고

내가 설 자리는 돌짝밭이 되어가니
삶의 자리를 잃어가는 작금의 순간
지금 이곳에 미래는 존재하나요

당신의 영혼은 청아한 수정 같았고
당신의 목소리는 맑은 시냇물 같았던
그때가 이젠 다시 오지 않겠지요
내일을 알 수 없는 이 순박한 기대감
이제 빛도 희망도 꿈도 물거품이 되었으니
동굴 속 어둠에서 고려장이나 다름없는
숨 쉬던 날을 하루씩 지워가며 고독사…

미얀마의 쿠데타와 유혈진압
총탄에 쓰러지면서도 독재 타도를 외치며 저항하는
그 숭고한 민족성
50만 명의 코로나 희생자들의 영령을 기리는
백악관 본관 앞에 차려진 추모의 촛불
노예가 되지 않으려고 악에 저항하는 저 민족
인간을 귀히 여기는 숭고하고 거룩한 민족의식
절로 머리가 숙여집니다

어머니, 당신은 집안을 만세 번창케 하려고
당신의 온몸을 내주셨는데
두 토막 난 땅조차 산산이 조각내고 갈라놓고
그래서 당신의 거룩한 몸마저 난도질해가는

이 지경에선 그런 날을 꿈꿔 볼 수도 없겠지요

내가 발붙이고 있는 이 땅, 어머니여!
당신의 몸이 어쩌다 이렇게 되었나요
내가 언제까지 당신의 포근한 가슴에 안겨
젖을 빨며 희망의 나래를 펼 수 있을까요

당신의 품위가 얼마나 더 짓밟혀야 하나요
내일이 점점 무서운 폭군처럼 달려오고
당신의 몸이 점점 동토(凍土)의 얼음장을 닮아가는
그렇게 당신과 나를 개조해가고 있는 이 주어진 힘
언젠간 급량을 구걸하며 연명해야 할지도 모르니
"벼락 거지"가 되었다는 말이 실감 납니다

어머니, 부디…

차 례

2부 아, 빛의 은총이여!

차 례

3부 석양녘, 창가에서

4부 영원한 짧은 순간

1부

추억의 수채화

꽃샘바람이 스쳐도 봄볕은 따사롭다

1

봄은 꽃수레를 타고 오는가
홍매화 꽃망울이 마음을 열 즈음엔
봄이 나래를 편다
연인의 가슴속에 입김을 불어넣듯이
봄의 숨결은 분홍빛 색깔로 피어오른다
내게도 봄의 날갯짓은 마음을 살랑인다
오늘은 그녀에게 내 마음을 띄우리라
그녀의 뜨거운 가슴에서 녹아내릴
내일이 오면 거기에 꽃이 피지 않으랴

2

꽃샘바람이 스쳐도 봄볕은 따사롭다
창가에서 변해가는 사철의 풍경을 감상하며
정취를 즐기곤 하는 게 습관이 되어간다
저 아래 강은 은빛 물결 너울이며 흘러가고
건너편 산에선 잔설이 반짝이며 녹아내린다
흘러내리는 저 눈물엔 오랜 세월의 정겨움이
어제를 못 잊어 쏟아내는 미련의 아픔이
하지만 이 아픔을 알 수 있다면
영겁의 세월도 회상의 눈물을 흘리리라

봄이 오면

봄이 오면
임과 함께
싱그런 꽃향기 가득 채워
희망의 나라로 날아오르리라

봄이 오면
임과 함께
장밋빛 추억 차곡히 담았다가
꽃잎 질 때 꿈길에 심으리라

데카메론

-그래, 그대들 잘났네

꿈을 꿨다 낯익은 듯 낯선 군상의 무덤 파는 소리가 들린다 저들이 뱉어내는 오만의 입김이 구리지만 귀를 기울였다

매 눈을 가진 젊은이가 동네 야산에 올라와서 코를 벌렁거리며 "아, 산이 있으니 산에 오르노라"[1] 제 깐엔 명언이랍시고 목소리에 가락까지 넣어가며 한마디 날린다 속으로 '저런 늙다리 이런 고상한 말 알기나 하겠노' 히히, 한껏 무게 잡으며 자족 자만하게 웃는다 가만히 보니 언젠가 신작로에 누워 발버둥 치던…

옆의 노인 속으로 비웃으며, '미친놈, 뭐 에베레스트산 정상에라도 올라왔나 제기랄, 지에미 젖이나 몇 통 더 빨고 컸더라면… 쯧쯧' 입을 삐죽거리며 구시렁댄다 명언에는 진리가 담겨야지 에헴, 크게 헛기침 한번 하고 수염을 쓰다듬으며 "산은 산이요 물은 물이니라"[2]

젊은이 미간을 찌푸리며 '참 희한한 노틀, 늙으려면

---

1) 1924년 에베레스트 등정 길에 실종된 조지 말로리(George Mallory, 1886-1924)가 남긴 말이라고 전해지나 확실하지 않음
2) 8세기 중엽 당나라 청원(靑原) 선사의 어록으로 전해옴

곱게나 늙지 뭐 산은 산… 그런 말 나도 한다 아, 똥은 똥이오 그 말하려니 괜히 똥 마렵네 명언 한마디 하고 똥 싸러 가야지' "개가 짖어도 기차는 달린다"('입으로 똥 싸는 놈' 노인의 속말)

지나가던 똥개가 다가오며 말참견을 한다 "그걸 말이라고 하나 멍멍 멍멍멍(개들의 욕 '18xx, 18사람 새끼'), 기차가 떠나가니 내가 짖었지 나 못 잡고 떠나는 개장수 놈한테 다신 오지 말라며 멍멍 멍멍멍"

그때 조선 풍속화첩에서 본 듯한 도인 행색의 짝퉁이 나뭇가지 짚고 백포 자락 휘날리며 그 앞을 지나다가 옆 바위에 걸터앉아 "아, 인생은 돌고 돌아 윤회며, 세월은 흐르는 물과 같아 유수라네, 에헴" '윤회가 뭐꼬?' 요 말이 목구멍까지 나왔지만…

마침 조깅하러 나온 코쟁이가 이 명언에 담긴 인생관을 제대로 이해하지 못하고 꼬부랑 발음 섞인 말로 "울랄라, 아닙네댕 아이용 생각하기 때문에 나는 있는 검니댕"3) 어디서 많이 들어본 소리

무슨 심각한 일이 있는지 빠른 걸음으로 내려가던 털보 두 명이 그 말을 얼핏 듣고 돌아와 "뭔 개소리야

---

3) 데카르트(René Descartes, 1596-1650)의 명언 : "나는 생각한다, 그러므로 나는 존재한다(Cogito ergo sum)."

너 프랑스 놈이지 난 독일, 앤 영국 놈인데 똑똑히 들어 내가 있기 때문에 나는 생각도 할 수 있고 연애도 할 수 있는 거야 내가 없으면 세상도 존재하지 않아 이걸 인간중심주의라고 하는 거야 인간이 주체 알겠어야, 프랑스, 내려가서 해장국 좀 먹어라 어젯밤 계집끼고 퐁뒤 찍어 먹으며 포도주에 취해 밤새 농탕질하느라 잠이 덜 깬 것 같군 이제 그 짓 좀 작작하고 책 좀 읽어 ML[4], 그리고 제발 「슈레 퐁 드 파리」[5], 그따위 코맹맹이 노래 짓거리 걷어치워 이젠 역겹다 노래 부르려면 「인터내셔널」[6]정돈 불러야지"

철봉 몇 번 매달리던 백인 아저씨 한국 여자 껴안고 지나가다 모인 사람들에게 팔을 휘저으며 "하이, 굿모닝"한다 똥폼잡던 젊은이와 영감님들 왈, "저 우라질 놈, 아침 일찍 산에 왔는데 언제 뭘 먹고 오노 당연히 굶고 왔지 그리고 버르장머리 없이 어른들한테 팔 휘저으며 뭐 굶었니? 그리고 아무 데서나 여자한테… 참, 세상 말세로세, 에잇" 눈 감고 기 받는 것처럼 꼴값 떨던 노인이 하늘을 보며 "아아, 성기는 性氣요, 색기는 色氣니라"

이 야산 참 희한한 곳이군 산에 정기(精氣)가 없어

---

4) ML: Marx와 Engels의 머리글자로, 저들의 전집을 가리키는 용어로도 쓰임
5) 샹송 「파리의 다리 밑(Sous les ponts de Paris)」
6) 사회주의 노동가 「인턴내셔널(The International)」

잡스러운 놈들만 들끓는가

저 밑에서 호로놈스키가 헐레벌떡 뛰어오며 인사를 한다 어느 대학에서 러시아 문학을 가르친다며 자주 만나는 놈 "으음~, 삶이 그대를 속일지라도 슬퍼하거나 노여워하지 말라"7) 무리에서 좀 떨어져 나무 밑에 누워있던 노숙자가 벌떡 일어나며, "시끄러워 이 새끼야, 사기당해 집 날리고 공장 날리고 마누라랑 새끼들 나가 버렸는데 뭐 삶이 어쩌고저쩌고해도 슬퍼하지 말라고 그럼 내가 기뻐 춤이라도 춰야 하냐" 한순간에 분위기가 얼어붙었다 이판사판 죽을 판에 교양이고 체면 깔아뭉개며 속을 누르고 있는데 호로놈스키가 염장을 질렀으니, 쯧쯧

좀 있으려니 개 끌고 오는 개 아빠들이 숲으로 줄줄이 들어갔다 내려간다 늙은 수캐 한 마리가 암캐 냄샐 맡고 묘한 소릴 내며 꼬릴 흔든다 저놈, 느끼함이 철철 쏟아지며 밑은 점점 이상스레 되어간다 저 개새끼, 아무 데서나 시도 때도 없이… 저놈 머릿속엔 온통 요 줄만 없으면 '개순이와… 오, 나의 개살구, 나의 강아지풀이여… ' 암캐만 보면 저놈 시(詩)랍시고 읊어대며 몸을 붙여 뭉개곤 올라타려 한다 저러다 #MeToo에 쪽팔릴 텐데… 하지만 저놈 개지랄하는 건 이미 저놈 동네

7) 푸시킨(Alexander Pushkin, 1799-1837)의 시 「삶이 그대를 속일지라도(Even if life deceives you)」

선 쫙 퍼져있는 걸 개 줄 당기니 그놈 공들였던 꿈도 개꿈이 되어 버렸네 입에선 아직도 끈적한 춤이 흘러내린다 개 주인들은 여길 개전용 공중변소로 여기고 있는 듯 며칠 전에도 어둑새벽 오르다 개똥 밟고 미끄러져 코 깨진 사람 있다는 소릴 들은 것 같다

떡은 떡이고, 밥은 밥이니라 이러면 절대 진리, 즉 진리의 진리 떡도 밥이고, 밥도 떡이니라 이러면 또라이 중에 또라이!? 떡도 밥도 쌀인데 참 헷갈리네 그렇다면 쌀은 쌀이요… 아, 시간이 벌써… 에이, 오늘 새벽엔 웬 또라이들이 이리 많노 열여덟 퉤퉤 내려가 똥 싸고 귀 씻고 쌀 먹고 삶의 전쟁터로… 이보다 확실한 진리가 있을까

'그래, 니들 잘났다 이 오메가 또라이'

까톡, 까톡…

꿈속의 진상들이 한순간에 사라진다 커피 생각이 나누나

미로의 나그네

4월은 바람을 일으키며
아차산 언덕길을
개나리로 덮어갈 즈음에 시작한다

봄의 문턱에서
한강의 풍광을 내려다보니
강변을 따라 벽을 치듯 이어진
아파트 산맥은
광나루 옛 정취도
전설로 기억되게 하누나

자연을 거스르는 과정을
인간은 문명이라고 자랑하며
자신을 공작인이라고
만물의 영장이라고 뽐내왔지만
병들어 폐인이 되어가며
무덤으로 기어가는 인간
그 인간은 문명의 옷을 입고
시간을 이어가며
괴물로 변모되어가네

이 과정을 진화라고 한다면

진화는 피할 수 없는
인간의 숙명인가
필연의 과정인가

자연의 4월은
꽃과 바람과 생명의 화음이
개울물 여울지는 소리와 더불어
시작하는데
인간의 4월은
봄의 소리도
봄을 피우는 향취도
못 느끼며 살아가는 인간
자기 자신을 잃어버리고
시간에 실려 가며 그렇게 있는
현존의 꼴을 스치며 지나가누나

그런데도
만물의 영장이라는 인간이여
언제까지 나르시시즘에 취해
존재의 의미를 찾으려는가

이젠 인간이
자연으로 돌아갈 수도
인간다움을 되찾을 수도 없는
미로의 나그네로

삶을 마치겠구나

얼굴을 스쳐 가며 전해주는
4월의 봄소식이
오늘은 왜 이토록
내 가슴을 아리게 할꼬

마력 같은 눈빛

웃음의 순수색깔
그것은 진실인가
아니면 위선인가
이도저도 아니면
세포의 가식인가

그대의 가슴속에
들어가지 못하니
웃으며 지내보자
가식인들 어떠리
현상이 현실인데

그대의 눈웃음이
빨아들이는 매력
마력 같은 눈빛
거기에 빨려들며
나는 취해가노라

미래의 갈림목

옹달샘 흘러내려 개울 이루고
바다에서 소금으로 결정되면
부정한 곳에 뿌려지는 액막이
오줌싸개에겐 눈물보다 짠 추억
그러나 미식가 손에선 맛의 결정자
여왕의 식탁에선 금 쟁반에 놓여
귀족보다 대접받는 몸

과거를 품은 오늘은
미래의 자아를 결정할 갈림목

걷고 또 걸으며

첫걸음 떼며 아장거리다 돌부리에 걸려 넘어지며 무릎이 깨지고 손바닥은 뾰족한 돌조각에 꽂혀 피투성이가 되곤 했다 땅만 보며 조심스레 발을 떼려는데 발 떼기가 이렇게 어려운가 어느 날엔 뒤뚱거리다 똥개에 받쳐 쓰러져 상처 난 다릴 끌며 저녁 늦게 집에 왔다

두 번째 걸음부턴 오기가 생겨 넘어지면 일어나고 깨지면 깨진 대로 무식스레 발을 뗐다 참 신기하게도 걸음이 이어진다 발걸음 떼는 게 너무 신나서 김삿갓이라도 된 듯 죽장 짚고 산지사방으로 싸다니며 배도 타고 섬 구경도 가곤 했다

세 번째 걸음부턴 나 자신을 조정하며 발 신세를 톡톡히 졌다 갈 길 묻는 길손에게 산마루 에움길까지 동행해 가서 갈길 가리키며 산속에서 헤매지 않도록 도와주곤 했다 이래서 걷고 저래서 걷고 걸음걸이가 이렇게 즐거울 수야

첫걸음 뗄 때부터 내겐 손이 발이었다 내 손은 땅을 밟지 않으면서 한국은 물론, 유럽과 북미 대륙까지 넓다 좁다 누비며 걸어 다녔다 발이 손 신세를 졌는지,

내 몸이 손 신세를 졌는지 어쨌든 이렇게 나는 걸어 다녔다 요즘엔 손이 휠체어를 굴리며 발이 되어간다

이슬 먹고 별을 덮으며

날이 저물어 하늘 아래서 밤을 더샜다
던져진 여로의 객이니
시간만 내 곁에서 벗이 되어 동행하고
몸은 구름처럼 산하를 누비며
나날을 정처 없이 보내다 밤을 맞곤 한다
이러기를 벌써 팔십 성상
이젠 세상조차 내게 갇힌 울타리로
내 세계가 되어 간다
문명의 가면으로 가려져 왔던 삶이
이젠 낯설고 거추장스러워 벗어던지고
이슬 먹고 별을 덮으며
또 하룻밤을 생명록에 남긴다
친구여,
그대는 자유로운가 나만큼이나

추억의 수채화

시절인연(時節因緣), 너와 내가 맺어졌는데 에워 흐르는 연정은 밤하늘을 덮고 맘에 감쳐오는 숱한 새김꺼린 끝없이 이어지는 추억의 수채화

인생이 별거더냐 흐름일 뿐인데 생긋한 너를 나와 연이어준 때도 이젠 아련히 감도는 지난날의 이야기 여한 없이 그려가는 추억의 수채화

존재와 무
- 진리의 역설

천리는 시종으로 매듭고
진리는 낙수처럼 흐르며
창조는 종말로서 끝맺고
진화는 퇴화하며 마치니
만물의 생멸변천 과정에
인생은 존재즉무 아닌가
이런즉 무엇인들 참이랴

그대는 내 숨결이어라

그대,
이름만 불러도
가슴에 여울지며
시간이 흘러도
멈추지 않는
내 숨결이어라

그대,
잊으려 해도
이젠
오랜 침묵도
떨칠 수 없는
내 자신이어라

모순의 속멋

낮에는 숨어있다
밤이면 찾아오는
그것은 외롬이고

오면은 도망가고
되돌면 따라오는
그것은 연정이다

속멋의 깊은 맘에
진솔히 채워진 건
그리운 보고픔 뿐

아, 이것이 그거였군

엘뤄도 오지 않는 것
오면은 가지 않는 것
부들솜 이불 짓는 것
이러다 하나 되는 것
이것이 '러브'라는 것

호수

해는 호수에 빛을 뿌리고
호수는 금빛 물결 너울이며
깊은 곳에 그 빛을 숨기곤
은밀히 생명을 틔워내는데
그 깊은 속을 누가 알리오
어머니가 아니고서야

색향에 취하여

나날의 오늘은
내가 태어나는 날
오늘이 없다면
이 아침의 찬란한 빛
내 어찌
노래할 수 있으랴

입술을 간지럽히는
청초한 꽃잎
그 색향(色香)에 취하여
시 한 수 읊으니
오늘이 있어
나는 행복하노라

죄의 멍에

몸의 때는 강물에 씻지만
원죄 때는 어떻게 씻으랴
매일 씻고 한없이 씻어도
사는 순간 나날이 죄이니

누가 죄의 멍에를 벗기랴
만유 주재 창조주 아니면
물과 욕에 얽매인 영혼육
누가 영멸 흑암서 구하랴

얼굴

나는 보았다
그대의 눈이 조용히 감기던 순간을

나는 느꼈다
이별은 아린 순간을 남겼지만
그대가 내 호흡에 맞춰
함께 숨 쉬고 있음을

나는 알았다
그대는 꺼지지 않는 불꽃이라는 것을

나는 만났다
그대가 누워있는 차가운 침대 가에서
몸은 싸늘했지만
평화로운 얼굴

그날
내 혼은 그대를 따라가고 있었다

삶이 이럴진대

오는 순선 달라도
타향살인 똑같고
가는 순선 달라도
고향길은 똑같다
삶이 이럴진대
한세상 사는 동안
사랑 외에 무엇이
참이라 하리오
빈부격차마저도
한 고개 넘으면
허무할 뿐이니

2부

아, 빛의 은총이여!

불꽃

그대는 나 자신이다
아니 나를 나로 빚어 빛에 드러낸
숭려(崇麗)한 존재다

그대는 불더위에 진 꽃이 아니고
정염의 열기로 나를 태우며
내 심장을 뛰게 하는 불꽃이다

손, 세계를 품은 내 삶이여

내 양손엔 지팡이가 하나씩 쥐어져
걸음걸이를 이어간다
나는 지팡이에 매달리듯
이동할 땐 앞뒤로 그네 타듯
이렇게 조금씩 가고 또 가서 멈춘다

손은 여러 모양으로 쓰이지만
내게서는 이동수단이며 발이다
내 손은 굳은살이 못이 되어 박힌 발
세계를 정복하려는 정복자의 말발굽이다
이렇게 내 손은 오늘도 세계를 누빈다

이 손에 몸을 얹어 살아온 지금
만약에 내가 회고록이라도 쓰게 되면
『손, 세계를 품은 내 삶이여』 라고 제목을 붙일까
손아,
오늘도 새로운 세계로 달려가자

지옥의 계절

언제부턴가 여름이 제정신이 아니다 봄 중턱부터 더위로 봄을 밀어내고 가을 꼬릴 겨울 턱밑에 붙이며 연중 반년을 여름으로 늘리더니 가뭄, 우박, 홍수, 태풍으로 농심을 태우고 밤에는 열대야로 사람을 괴롭히며 여름은 점점 폭군이 되어간다

폭탄보다 무서운 전기요금은 비지땀에 저려도 부채바람으로 견뎌야 하는 서민에겐 여름마다 겪는 육체적 고문 이에 열대야의 괴롭힘까지

한더위 푸서리에 이는 바람도 달아오른 열기이오니 여름나기 힘에 부친 이들에겐 개울에서 멱 감으며 물장구치던 어릴 적 여름이 꿈 같기만 하리라 하지만 동화 속 마을 같던 고향도 이제는 아파트 군락이 되어 옛 정취를 찾을 수 없으니 추억으로만 되새겨 볼 뿐이다 열대야에 잠 설치며 이런저런 상념에 젖어 몸 뒤척이다 창밖을 보니 동틀 때는 아직 멀었건만 어슬녘 희뿌연 날 밝음이 나무며 숲을 드러내 눈에 잡힌다

폐지 줍던 할머니 길에 쓰러져 숨지고 밭일하던 노인 열사병으로 숨 거두고 신병도 훈련 중 사망했다는 가슴 아려오는 소식들 오늘도 가마솥더위라는데 이 여

름의 짓궂은 심술은 얼마나 많은 희생을 요구한 후에야 끝을 내려나 이젠 사람 내음 물씬 나던 여름나기 풍속도, 설화로 전해져 한 폭의 민화로나 보게 되었다

여름이여, 언제까지 지옥의 계절로 머물려나 이젠 인간 친화적으로 되어 추억과 낭만의 계절이 되게나

청상의 가락은 바람결에

어디선가 들려오는 구슬픈 가락,
앳된 목소리가 단조로이 흐느낀다
개울물 소리조차 슬픔에 잠긴 듯
가락에 묻혀 조용히 흐른다

목이 메어 부르는 단장의 영가(詠歌)는
별무리 총총한 하늘에 메아리치고
청상의 가락은
바람결에 가냘피 넋을 띄운다

비탄의 곡성이 밤의 적막을 깨며
끊어질 듯 이어지곤 하는데
하룻밤 머무는
초행길 나그네 마음도 애끓는구나

아, 왜 이 젊은 여인에게
이런 잔인한 운명이 던져졌는가
누구나 어차피 왔다 가지만
이 영결의 비애도 신의 섭리런가

여로에 지친 몸 밤잠을 설쳐가며
인생이니 죽음이니 잡념에 잠겨가다

닭의 홰치는 소리를 들으니
잿길 넘어가야 할 발걸음이 무겁다

로라의 하루

2018-04-03 (화), 맑음 / 미세먼지 좋음

1. 프리지어와 초콜릿

14:00
딩동~
철커덕
“오, 봉주르, 마리”
“봉주르, 로라”
프리지어와 초콜릿 건네며
포옹과 볼 뽀뽀
쪽쪽 소리 요란하다

2. 발코니의 파리 카페

발코니엔 봄볕이 따사롭다
헤이즐넛향 커피에 피칸파이 곁들이며
둘은 쉴 새 없이 봄날의 향취에 빠져간다
고향 이야기는 언제나 만남의 시작
브리지트 트로뇌, 르 몽드, 리베라시옹
주거니 받거니 서로 맞장구치며
“웅, 아아, 울랄라, 글쎄… ”
시끌벅적하다

케이트 미들턴, 멜라니아 나체 사진은 양념거리
불어와 한국어 섞어가며 수다가 이어진다
한국 남편들과 애들 이름도 오르내린다
서로의 눈빛과 호흡엔 후회와 서러움, 향수 같은
뭔지 모를 착잡한 그림자가 드리워져 있다

3. 파리지엔느의 세상 보기

TF1, BBC, CNN,
마크롱, 메이, 브렉시트, 트럼프, 푸틴…
옳거니 그르거니 목소리가 춤춘다
커피 한 모금씩 넘기며 숨 고른다

4. 서울에서 살아남기

본국에 송금할 일이 잦다 보니
환율 오르내림에 민감하다
가정경제의 수지계산엔 계산기가 필요 없다
비트코인에도 관심이 있지만 망설이는 눈치
한숨도 섞어가며 이렇게 저렇게 계산해본다
별수를 써도 파리보다 비싼 도시 같다나
물가, 교육비, 환경…

5. 종교의 종말

- 聖에서 性으로

예수, 붓다, 마호메트
아멘
나무아미타불
알라후 아크바르
둘은 종교에 관해 이런저런 이야기하다
성직자들의 성추행과 성폭행 문제에선
말을 이어가지 못하고 치를 떤다
이젠 성(聖)스러움이 성(性)스러움으로 되어간다나
마리는 서재 곁 성모상을 보며 성호를 긋는다
둘 사이엔 잠시 침묵이 흐른다

6. 비너스의 탄생

로라는 홍삼, 오메가3, 멀티비타민, 루테인…
가족 건강, 갱년기 등 건강에 관해 이야기하다
미의 본능에 관한 대화에 불을 댕긴다
보톡스, 필러, 리쥬란 힐러, 슈링크 리프팅…
유명하다는 성형 의사 이름도 줄줄이 꿰찬 듯

"호호, 자연의 축복"

요즘 얼굴이 처져 가는 게 좀 신경 쓰이지만
그래도 타고난 몸매엔 자신감이 넘치는 눈치
하지만 촌스러운 티는 못 숨기는 법

7. 성의 진화

본능의 진화
남자와 여자
성은 종족보존의 본능에서 원초적 성애로
마리는 느끼하고 끈적한 말을 이어간다
성과 에로티시즘에 관한 지식은 전문가급이다
마리의 색기는 흘러넘쳤고
로라의 몸엔 진득한 음욕이 동한다
얼굴이 달아오른 로라의 숨소리는 거칠어진다
아아 바로 그때 홍을 깨는 스마트폰
띠리릭, 띠리릭,
"'09파 1789714' 차, 빼주세요"
"울랄라, 벌써 시간이"
17:32

8. 저녁의 지옥 길

해그림자는 길게 드리워져 가고
차는 꼬리에 줄줄이 물렸다
'에이–'
까똑, 까똑,
이어서 휴대폰이 또 울린다
"알았어, 곧 갈게 지금 간다고"
한바탕 싸움이라도 할 듯 목소리가 거칠다
육두문자 섞어가며 계속 혼자 씨부렁거린다
마리의 외설에 몸이 달아오르다
한순간에 찬물을 뒤집어썼으니 제정신이 아니다

9. 굶주린 사자들

집에선 굶주린 사자들의 눈빛이
뭐든지 닥치는 대로 잡아먹을 듯
“몽마르트르 아파트 1동 1806혼 데요…”
“또 중국집이야”
“먹기 싫으면 관둬 배불렀구먼, 흥”
목청을 높이곤 구시렁거리며 부산을 떤다
“에이, 이게 뭐야 맨날
중식 아니면, 양키피자, 후지소바, 털보족발,
춘자순대, 조개관자덮밥, 고추잡채덮밥, 줌마김밥,
짱떡볶이, 너나수제비, 시퍼런칼국수, …”
투정도 잠시, 후루룩 쩝쩝 꿀꺽꿀꺽
눈 깜짝할 사이에 저들의 곱창이 채워졌다
그리곤 각자 아지트로 숨어버린다

10. 그래도 인생은 장밋빛

‘아, 라라 라라…’ (혼자 신났다)
오늘 이런 기분을 뭐라 하더라
그래, 시쳇말로 기분 째진다고 하던데
어쨌든 오래간만에 스트레스 쫘–악 날렸다
그런데 아직도 마리의 속편 이야기가 궁금하다
탁상 달력을 들춰본다
‘오늘 밤엔…’

11. 별빛에 흐르는 밤의 노래

저녁 뉴스가 온통 어두운 내용으로 이어진다
마크롱, 메이, 메르켈…
세계뉴스
일기예보
TV 끈다

21:15
칼바도스와 카망베르, 크리스털 포도주잔 2개
침대 옆 협탁에 놓으며 로라가 말을 꺼낸다
"자기야, 오늘 마리네 집에서…"

"Santé!"
솰라 솰라
응응
오오, 셰리

시간이 한참 흘렀다
빈 병엔 아쉬운 눈빛이 꽂힌다
마리가 한 말들이 머리에 맴돈다

불 꺼진 침실
아아…
오오…

신음과 거친 숨소리가 어둠을 가른다
심야의 이 괴성
이게 종족보존의 본능인가 음욕인가

12. 인간

어떤 동물인가

욕망의 노예

밤하늘의 별도 초원의 꽃도, 밀림의 동물도 식물도 바라는 게 있으려나 시간이 흘러가는 순간마다 저들은 되는 바대로 되어가며 자연을 이루고 있지 않은가 저들에게도 자신을 거스르려는 욕망이 있으려나

이렇듯 만물이 자연에 순응하며 됨됨에 만족하는데 인생 또한 이미 태어나며 자신만의 실재(實在)로 되게끔 되어가고 있는 존재일 뿐인데 저들은 언제까지 자연을 거스르며 탐욕에 자신을 내맡기려나

만물은 이루어져가고 있는 존재의 실재성이며 부단히 형성되어가는 실재인데 오직 인간만 자연의 순리에 순응하지 않고 되어가고 있는 삶에 만족하지 않으며 부조리의 노예로 죽어가는 게 아닌가

아, 슬프도다 자연만도 못한 인생이여!

위대한 결심

"점심 드셨어요?"
답이 없다
다이어트 중이라던데
괜히…

1시간 후
지금 고기 뷔페
다섯 접시째
문자 두 줄

2시간 후
아, 언제 기름 12kg 빼나,
오늘 저녁부턴
다이어트하다 죽어도…
문자에 담긴 굳은 결심

누룽지 반 사발과 깍두기
하지만 저녁 식사론
뭔가 좀 섭섭할 텐데

설거지하고 1시간도 안 되어
"여기 그린 빌라 123

발족 큰 거로 그리고 소주…”
그래, 살자고 먹는 건데
굶다가 죽는 것보단 낫지
발가벗긴 뼈다귀 치우며
아, 내가 왜 이래
요 웬수 같은 입맛
어쨌든 오늘은 오늘이고
정말 내일부턴 죽어도 꼭…
언제 내일이 오려나
달포가 지났건만

빈 둥지 속의 새

그녀는 떠나갔다
잘 가라는 말을 한 적도 없는데
그날
내 시간은 멈춰버렸다
날마다 숨 쉬던 공간은 거미줄이 쳐졌고
빈 둥지 속의 새처럼
쓸쓸한 흔적만 남기고
나도 나를 떠나고 있었다

마지막 가는 길

침대 옆에 붙어 함께 산 38년
송고일 즈음까지
쓰고 고쳐 쓰기를 반복하며
밤새우곤 할 때도
그런 나와 함께 했던
동숙 문우,
며칠 후엔 헤어져야 할 텐데
영결의 아픔이 눈물로 흘러내려
내 맘을 채우누나
폐기물 차에 던져지며
부서지고 깨어질 너
내 어찌 그런 너를 보며
덤덤히 떠나보낼 수 있으랴
내 손길과 숨결도 섞여진 너
마지막 가는 길
눈에 담지 않으려 하건만

아, 빛의 은총이여!

잠자고 나니 나이가 몰래 얹히고
나이는 세월에 얹혀
쉼 없이 피안으로 달려간다
그게 싫어서 잠이 달아났나

어둠이 걷힌 새벽녘
경건한 마음에 빛이 쏟아진다
이 시간, 희열에 함몰되어
나는 얼마나 눈물을 흘렸던가

아, 빛의 은총이여!
영생의 서광이여!

나는 그대의 품에 안겨
소망의 새날을 맞으며
그대와 함께 걷던 이 거친 광야에
포도나무를 심으리라

신기루와 무지개

아무리 생각해도 나는 아는 게 별로 없다
어쩌면 모른다는 것도 모르고 있는지도
솔직히 말해서 내가 나도 모르는데
도대체 무엇을 얼마나 알 수 있으랴

파스칼은 인간을 "생각하는 갈대"라고 하던데
갈대도 바람에 휩쓸릴 테니
생각도 부동(浮動)한 뇌세포의 운동일 뿐
그렇다면 생각의 내용은 신기루려나

두뇌의 한 구조는 궤변, 모순, 만용, 착각,
위선, 부정, 허무, 광신, 음모, 거짓…
이런 무리(無理)로 얽히고설킨 유기체
그렇다면 그 반대 현상은 무지개일 터

활동사진

침묵을 깨지 말라 했는데
세 번씩이나 말했는데
묵계는 헌신짝이 되어버렸다

갈채를 받으며
변사의 목소리엔 힘이 들락거리고
음파는 춤을 춘다

활동사진 영사기 돌아가는 기계음
기구한 인생, 시집살이, 애정, 운명…
그저 그런 뻔한 이야깃거리

아녀자들의 신음과 괴성이
간간이 뒤엉켜 소란하다
무엇이 그리도 괴롭고 아팠기에

어느 정도 화면이 바뀌고 나선
웃음과 울음, 탄성과 함성이
물결을 이뤄가며 이어진다

"… 그랬던 것이었다"
짝짝 짝짝 박수소리

언제나 그렇듯이 끝 막음이 어수선하다

젖 물고 자던 어린애 울음소리
광목 둘러친 가설극장의 진풍경
고무신 끌며 뿔뿔이 흩어진다

여름밤은 길기도 하니
9시에 마지막 상영을 하고
내일은 읍내 다른 마을로 간단다

영사기엔 집으로 가는 길이
되감겼다 풀어졌다 반복하며
내일을 맞을 테지

내일 돌아갈 활동사진은
오늘도 채워져 돌아가리라
그렇게 여름은 추억을 되감으며 저갔다

그녀의 손끝

신혼 땐
그녀의 손끝에서 꿀이 흘렀지
셋째 놈 낳은 이후론
묵은지 깊은 맛이 배어났지
이제는
꿀도 버무리는 손끝 맛도 없어
반상 진미가 온통 익모초 같구나

나뭇잎 아래 새 한 마리

산을 물들인 단풍조차
오늘은 왜 이리 음울한가
회색빛 하늘이 흘리는 건
내 맘에 채워지는 눈물이었네

나뭇잎 아래서 가을비 피하며
파르르 떨고 있는 새 한 마리
퍽 애처로워 보이는데
짝지었던 날이 울적해서인가

금혼식이라도, 엄마가…
상석 옆에 장미꽃 꽂고
주변 잡초 솎아내며
둘째 딸이 뱉어낸 한 서린 속말

아, 이젠 결혼기념일마저
임의 넋을 기리는 날이 되어가네
해도 비구름에 잠기었나
오늘은 모든 게 끄느름하다

샛별

은하수 개울가에
외톨이 샛별
동녘이 밝아오면
빛에 묻힐 테지만
한 서린 외로움에
눈물도 말라버려
살며시 그리움만
눈가에 띄운다

오늘은 까치도 보이지 않네

비가 내린다
애련 어린 맘에
눈물 되어 쏟아진다
무엇이 아렸고
무엇이 슬펐으랴
이젠 잊어달라며 흘리는
눈물이런가
천일이 지나고
삼 년을 맞는 날
차가운 비석 가에 선 내게
하염없이 내리는 비
내 눈물도 섞여 흘러내린다
오늘은 까치도 보이지 않네

이젠 슬픔도 강물에 흘려보내요

숲속 어디선가 들려오던 노랫소리
싱그럽던 숲의 향기
그 많던 동무는 어디로 가고
오솔길 낙엽만 밟히며 흙이 되네
모두 떠나고 임마저 떠났으니
늦가을 애상에 쓸쓸함이 더한다

철새들도 떠나고
하늘엔 구름만 흐를 뿐이네
이제 머지않아 눈서리 내리면
가신님 생각에 마음이 시릴 텐데
"이젠 슬픔도 강물에 흘려보내요"
분명 숲속에서 들려오는 소리

길은 멀어도 고향은 가깝다네

꽃이 지는 게 바람 탓만이랴
몸이 늙는 게 시간 탓만이랴
왔다 가는 게 생명이거늘

여보게, 친구여
우린 세상 떠날 때 조용히 가세나
길은 멀어도 고향은 가깝다네

3부

석양녘, 창가에서

사유와 존재

1

데카르트와 논쟁할 생각은 없다
사유와 존재는 자아의 문제
더 나아가 세계관의 문제 아닌가
사유가 존재를 결정한다는 것
존재는 사유의 피조물이라는 것
고로 나는 사유의 흔적으로 남겨진
피와 살의 실체일 뿐이라는 것
그렇다면 자궁을 버렸어야 하리 라는 것
참으로 복잡한 셈법이 여기서 문제 된다

2

5월의 싱그러움이 흐른다
바람에 꽃향기가 날린다
자연은 사유와 존재와는 상관없이
있는 그대로, 스스로 있는데
사람의 머리는 이해할 수 없는 무엇으로
존재와 존재자를 주무른다
존재는 존재 이전에 존재자가 아니었을까
그렇다면 존재와 존재자는 개념상 차이일 뿐
실제로는 같은 실체를 양태적으로 구분한 것이리라

3

나는 누가 낳았나
창조주, 어머니, 사유
종교학, 생물학, 철학 등의 진리는
아직도 완성되지 않은 듯
말도 많고 싸움도 잦으니 그게 문제로다
사실, 이 셋은 같은 것일 텐데도
나는 이 셋 간의 상관성 사이에서
영혼의 길을 피해가진 않으리라
그 속으로 탐험의 굴이 이어지고 있는 한

나이

나이는 서수고
생명은 함수다

인생이 별거냐
수의 노예인데

주어진 수에서
덜어낸 나머지

천하 고얀 놈

고얀 놈
훔쳐가다 흘린 건 외로움이고
가지고 사라진 건 젊음이니
내겐 늙음만 남겨졌네

어느 날엔 간 늙음마저 앗아가려
눈을 부라리며 때를 노리니
가져간들 어디에 쓰려고
천하 고얀 놈

연각의 순간에

친구여,
생명의 환희
거기서 얻으려는 게 무엇이뇨
빛에서 얻는 것은 빛
하지만
생명은 어둠에서 움트고
빛은 어둠에서 존재하거늘
참을 찾으려는 구도자
그는 삶의 고뇌
인생의 무상을 깨쳐
연각(緣覺)의 순간에 이르리니
이땐
삶의 한계가 존재하지 않아
시간도 영원이며
영원도 시간일 뿐

인생의 궁극은 공(空)이요
공의 차원은 원(圓)이기에

번민의 순간에서
삶의 참을 깨칠 수 있다면
참의 진리에서

비로소
나 자신을 만나게 되리니
인생은 영겁의 수레
환희의 찰나에는
비탄의 합창이
그 이후에는

친구여,
그 이후는 그대의 몫이라네
거기서
그대가 그대를 만날 수 있다면
그땐 그대에게도
참은 공과 원으로
다가올 걸세

그림자의 침묵

1
계곡 아래 개울가엔
어둠이 내려앉고
물보라는 하늘로 피어오르며
바람에 흩날린다
어슬녘 초원엔
인적마저 끊겨
쓸쓸함만 채워져 온다

2
그대를 보내며
나는 그때를 잊으려 했는데
오늘은 그때가 아련히 떠올라
옛 그날을 잊을 수 없구나
그 많던 친구도 하나둘 떠나고
정원의 꽃들도 이울어지니
방안엔 그림자의 침묵만 흐른다

재 넘고 별길 헤쳐가서

파란빛 머금은 샛별, 그대여
당신과 헤어진 아픈 마음으로
내 어찌 당신 없는 이 밤, 나 홀로
꿈길을 거닐며 보낼 수 있으리오
그대 얼굴, 창가에 머무는데

풀벌레 노래조차
슬픈 가락으로 들려오고
고요한 흐느낌은 내 귓가에 맴돌다
밀물처럼 내 가슴에 스며들곤 하여
애수에 잠겨 밤길을 헤맵니다

볼에 맺힌 이슬은 하염없이 흐르고
고독의 밀어는 소리 없이 쏟아지며
나를 침묵의 길로 이끌고 갑니다
오늘 밤은 재 넘고 별길 헤쳐가서
그대에게 내 심장을 드리오리다

N극과 S극

1
나는 바그너를 좋아한다
하지만 바흐도 좋아한다
나는 릴케를 좋아한다
하지만 니체도 좋아한다
나는 베로니카를 좋아하지만
비너스의 탄생을 더 좋아한다

주름 조가비 위의 비너스 나신엔
미의 탄생을 초월한 생명의 역동력
거기서 뿜어져 나오는 너와 나의 탄생 신화
그래서 지상에 너와 내가 존재하고
에로스니 리비도니 이드니 온갖 심리주의가
성의 본능을 너와 나의 궁합으로 엮어놓고
N극과 S극의 에로티시즘으로 승화하지 않았니
하지만 실상 너는 나를 나는 너를 탐닉하는 거야
이렇게 천과 지, 하늘과 땅은 뜨겁게 달아오른
농염한 열기로 교태를 부리며 서로 끌어당겨
천지를 창조해가고 있다

2
이삼십대 시인들의 작품엔 신선함과 패기가 넘친다

기제주의가 시의 흐름을 엮어가는 것도
젊음의 창조성이 만들어가는 신선한 문화 아니랴
나는 저들의 새로운 포에티즘(poetism)에 감탄한다
거기엔 자아와 자아의식의 교류가 뜨겁게 흐른다
스파크가 역동적 활력을 드러내고 있다
때론 그 불꽃이 너무 강해 한번 번쩍이고 난 후엔
한참 동안 어둠에 있는 것처럼 착시현상이 일지
창조적 시상과 발랄한 시계의 역전 현상은
과히 걸작일 수밖에
굳어져 가는 내 머리로선 암호처럼 읽혀
해독과정을 거치지 않곤 이해할 수 없을 때도 있다
하지만 나 외에는 모두 이해할 수 있도록 엮어놓은 것
어쩌면 그게 젊음의 열정과 시성의 흔적이 아닐까

일제 강점기에 태어나 한국 전쟁을 겪은 나로선
이제 이런 모험이 버겁고
기력조차 거기에 맞춰갈 수 없어
한계점의 정수를 넘을 수 없으니
이게 연륜의 대가인가 쇠락의 서막인가
나는 자연주의와 낭만주의라는 수채화 물감으로
천지인을 사생하는 습관이 있다
그러다 보니 고정된 틀 안에 정형된 것도 없고
있는 그대로를 감성으로 덧칠하며 시로 다듬는
산문적 시 쓰기가 고정관념처럼 굳혀져 있다
이 틀을 깰 수 없는 한계상황에서 나는 시를 쓴다

이 현상에 이입된 감정을 긁적이며 만족할 뿐이다

3
생태계의 한 존재인 인간에겐
본능적으로 양면성이 역동한다
전통과 역사에 매몰된 형상의 얼굴
창조와 진화의 추진력에 동력이 붙은 다른 얼굴
야누스의 면면이 인간의 본성으로 느껴져 온다
역설로 들릴 수 있는 이런 의식 속엔
극과 극의 대립과 절충의 조화가 상존하는데
시 문학의 창조성에서
나는 이런 이해의 조화를
시상의 역설로 추상화하기도 하고
스케치하다 지워버리고 회화로 그려보기도 한다

생명의 신비를 생물학적으로 역추적하며
나는 끊임없이 이어지는 이런 반복과정에서
삶의 신화를 하나씩 펼쳐 그려보려는 충동에
나도 모르게 현혹되어 펜에 힘을 주곤 한다
이런 기행은 바닷가 바위를 삼킬 듯
아가리를 벌리고 거칠게 밀려오다
바위에 부딪혀 깨진 아픔을 하얀 거품에 흘리곤
왔던 곳으로 되돌아가는 파도와 같은 것
오늘도 극과 극은 서로에게 고함친다
그 소리는 강한 견인력으로

내 의지와는 상관없이 나를 와락 끌어당겨 뒤엉킨다
이렇게 엉겨 붙어 시간에 섞이며
만물은 태를 끊고 빛을 받는다
이 찬란한 순간의 빛은 생명의 줄기로
너를 나로 나를 너로 일체시키며
천체에 뒤섞여 돌고 있다
지금 나는 이렇게 존재한다

밤마다 밀려오는 게 고독뿐이랴

1
가을은 색색의 빛을 쏟아내며
식어가는 열기를 오곡백과 살 속에 채워 넣는다
하지만 마지막 몇 줄기
빛과 열기만은 가지고 떠날 텐데
훗날 선악과에도
익어가는 달콤함을 채워줘야 할 테니

2
바람이 마지막 한 잎마저 벗겨버려
더는 가릴 곳도 숨길 곳도 없게 된 나목
쓸쓸한 음습함에 싸여가며 밤을 맞는다
허공에 스멀거리는 어둠에 갇혀
무언가 잡아보려 팔을 휘저보지만
바람조차 그 곁에 머물지 않는구나

3
아, 가을이 떠나가고
그녀도 재 넘어갔으니
밤마다 밀려오는 게 고독뿐이랴
그때가 다시 돌아오진 않겠지만
한세월 함께 보낸 그녀의 얼굴만은
회상에 잠긴 내 곁에서 맴돌곤 한다

머리와 가슴

낙엽이 밟히며
몸부림치는 소리
바람에 묻혀가는 절규
만상이 그렇듯 모든 게
계절마저 바람일 뿐

머리와 가슴
오늘은 무엇이 논쟁거린가
머리는 가을이 애초부터
있지도 있었던 적도
없었다고 역설한다
가슴은 계절이 숨 쉬고
감성을 철철이 그려낸다며
회상에 잠기곤 한다
낙엽은 말이 없고
가을은 실재가 없는데
공간에 채워지는 것
시간에 스며지는 것
그건 바람의 장난 아니런가
삭풍은 겨울을 몰고 오고
꽃바람은 봄을 안겨주지만
언제나 남겨지는 흔적은
그만큼 비워진 자국일 뿐

내 가슴을 더듬는 찬 손

군청색 물감 흩뿌려 하늘을 물들이고
서릿바람 내 가슴에 찬 손 넣어 더듬을 즈음
이맘때가 되면 가을이 내게 깊이 스며온다

석양녘, 강가에서 상념에 잠겨
흘러가는 강물만 보고 있는 내 얼굴
무엇이 부러워 나뭇잎은 내 낯빛을 닮아 가나

강 건너 언덕에서 피어오르는 낙엽 연기
영결의 몸부림은 시간과 영원의 쌍곡선을 그리며
멀어져 간다 나도 가야 할 그 어디론가

꽃잎이 지면

늦가을 바람 내 맘 시릴 제
떠나던 네 모습이 메어오누나
꽃노래 부르던 시절은
회상에 담기어
가을빛에 물들어가는데
꽃잎이 지면
눈 덮인 오솔길에
설중매로 피어나려나
네가 부르던 연가도
이젠 애수의 가락으로
내 맘을 적신다

눈꽃, 그대여!

여름자락이 사라진 후
차가운 공기를 가르며
쓸쓸한 어스름이 나래를 편다
내 가슴에 물결치던 꿈은
가련한 그림자로 허우적거린다

어둠은 지평선에 잠겨가고
내 혈색은 이울어진 꽃을 닮아 간다
비어가는 들판엔 바람이 일어가고
나는 팔을 휘저으며 뒤섞인다
바람은 고독을 몰고 차분하게 다가온다

성에 낀 입김이 연무처럼 뿜어져
내 가슴에 알알하게 느껴질 즈음엔
하늘도 서리 맺힌 이슬로 채워지면
겨울의 침묵을 눈으로 덮을 테지
거기서 피어나는 눈꽃, 그대여!

저에게 옛이야기 속삭이며 입을 주리라

1
세월의 속삭임은 색색의 신화되어
바람결에 자취 없이 사라지고
가을의 향연은 마지막 낙엽에 얹혀
전설이 되어 피어오르니
낙엽이 지던 날 올렸던 결혼식 추억도
이때가 되면 눈가에 아련히 맴돈다

2
추모공원 뒷산 단풍빛 둘레길
산 밑 자락에 놓인 차가운 돌판 아래
애틋한 연정 고이 품고 누워있는
거기서 임의 차가운 나날이 이어져가니
내 가슴엔 비통함이 비처럼 흘러내린다
바람은 하늘마저 울릴 수 있으리라

3
이제 빛도 뉘엿이 잠기니
몸도 스산해져 오누나
내 마음에 남겨둘 오늘의 일기엔
고운 낙엽 한 잎을 꽂아 넣으리라
임 생각이 베개를 적셔가는 밤에는
저에게 옛이야기 속삭이며 입을 주리라

언제나 남는 건 고독뿐이었네

가슴에 느껴오는 가벼운 전율
쉼 없이 엄습해오는 신기 때문인가
그것의 현상은 무엇인가

부딪칠 듯 어긋날 듯 오가는
때론 후회스러워 되돌리고 싶은
하지만 모든 건 의지를 넘어
그렇게 뼈를 세우며 키워져 왔네

환희의 순간에 축배를 들며
벗으로 이웃으로 지내기도 했지만
언제나 남는 건 고독뿐이었네
어머니 자궁과의 첫 만남, 그 이후
나는 해체되어가는 세포 덩이 아니었나

가을 같은 어머니

가을 나들잇길
파란 하늘
구름 몇 점
이 가을다움에
나는 갈 길을 잃었다

가을,
많은 아픔을 담고
시간에 얹혀 사라져가는
그래서 가슴에 아려오듯 와서
감상의 여운만 남기고
어느 순간 가버리는 애잔함

오곡백과 익혀주려
서리, 눈발, 폭설에 떨어가며
비바람, 태풍에 시달리며
가뭄, 홍수, 무더위도 견뎌내며
그렇게 그렇게
인고의 세월을 보내고
찬바람 단풍 물들일 때
우리 곁을 살며시 떠나는…

이 가을
그 품속에서 느껴지는
어머니의 모습

저녁 들녘에서
말없이 가을걷이하는
여인의 주름진 구릿빛 얼굴에서도
어머니의 모습이 다가온다

이제
그 어머니는
가슴으로 나를 적셔주고 있다

어머니를 닮은 가을
가을 같은 어머니
그리움과 아쉬움
아련한 추억으로
나에게 스며오는
이 가을

어머니의 모습이
가을바람 타고 구름이 되어
밀려왔다 흩어지며
세월 속으로 묻혀간다

가을이
어느 스산한 밤
서리로 덮여가며
어둠 속으로 사라져도
가을의 애상은
오랫동안
내 가슴에 여운 치리라

석양녘, 창가에서

아주 오래전이었다 눈이 유난히도 맑고 웃을 땐 볼우물이 귀여운 소녀, 그녀는 눈부시게 아름다운 천사였다 까만 단발머리와 하얀 얼굴에선 신선함마저 느껴졌고 몸에서 풍겨 나오는 그 무언가는 내 몸을 엄습했다 서정시 애정소설 읽을 때마다 아른거리며 떠오르는 그녀 얼굴이 내 심장을 묘하게 진동시키곤 했었지만 말 한마디 섞어보지도 못하고 마음만 설레곤 했던 시절 어른들은 그것을 짝사랑이라 하던데… 어느 날부턴가 나는 그녀의 그림자도 볼 수 없어 가끔은 늙어가는 순간순간의 그녀 얼굴을 상상하며, 어쩌면 이 세상 사람이 아닐 수도… 혼자 먼 하늘만 쳐다보며 애상에 잠겨 들기도 했다

매주 한 통씩 보내오는 '혜慧'라는 생면부지 여고생의 분홍 편지 몇 달이 지나도록 나는 아무런 반응을 보이지 않았다 오히려 내 마음은 점점 바윗덩어리처럼 굳어졌고 얼음장처럼 차가워졌다 그녀의 편지는 아름다운 고백과 시 몇 줄씩 적어 보내는 장문의 서정시였다 그런데 언제부턴가 그녀의 문학적 감수성이 이상스레 흘러가기에 몇 달의 침묵을 깨고 만나 정리하며 돌아섰다 흐르는 그녀의 눈물을 보며 내 마음에도 아림이 밀려왔다 하지만 그것은 그녀가 받았을 충격에 대한 내 마음

의 찢어짐, 그리고 죄책감이었다

청소년 예배 때 풍금을 치던, 의대생 '미美'는 여자로 다가온 첫 번째 연인이었다 우리는 주일 오후마다 수백 명의 교인 눈을 피해 몰래 데이트를 했는데 몇 년 후 그녀는 미국 의사시험에 합격해 미국으로 떠났다

몇 명은 여행 중에 맺은 인연으로, 경주에서 연 맺은 '선善'과는 특별한 관계로 편지도 주고받고 몇 차례 만나기도 했었다 이젠 이렇게 추억의 여인이 되었다

친구 여동생 '혁赫'은 살갑게 다가왔다 그녀의 편지는 색종이에 온갖 예쁜 그림으로 그려졌고 성탄 땐 직접 그려 만든 카드와 수채화, 선물 등을 가지고 와 내 방에서 지내기도 했지만 그저 동생 같은 느낌뿐

그리고 얼마 후 대학 후배 '선善'과 묘한 교감이 흘렀지만 서로 학우들 눈치 보며 데이트다운 데이트도 못했다 어느 날 후배 몇 명이 찾아와 영어 원서 강독을 부탁하여 주 2회씩 모였는데 그녀와는 말만 섞으며 서로 눈빛을 나눴다 눈 맞춤으로 속삭이는 우리만의 은어는 서로의 마음이었다 지금은 그녀 역시 미국에서 산다고

하지만 이웃 여자 대학교 불문과 신입생 '희姬'와 2

년여 간의 만남은 참 멋졌던 연애다운 연애였다네 문학 소녀의 꽃잎에 나는 시를 실어 띄우곤 했고 방학 땐 그녀가 사는 인천에서 데이트도 했는데 그녀 또한 미국 남부에서 이민 생활한다는 소식

대학원 땐 선배 소개로 알게 된 '애니'와 동기 '제濟'와 어느 정도 아름다운 시간도 가졌는데 소위 잠깐의 계절 차이만 있었을 뿐 릴레이식 연애 그리고 나는 유학길에 올랐고 저들도 옮겨간 듯 소식이 끊겼다 예쁜 시간만 차곡히 남긴 채

뮌헨에서 유학 생활 2개월쯤 되었을 때 나에게 다가와 말을 건네던 에리카(Erika B.), 참 이지적이고 서글서글한 여선생이었다 그녀 방에서 음악을 들으며 저녁을 먹던 지나간 날의 추억들, 밤이 깊어지면 뮌헨 북쪽 학생 기숙사로 나를 데려다주고 내 독일어가 짧아 영어를 섞어가며 말하고 웃고 그러면서 다음 약속을 잡곤 했다 내가 튀빙겐 대학교로 옮겨가서도 우리의 관계는 이어졌다. 방학 때 그녀와 재회하며 보냈던 뮌헨의 시간은 아름답게 채색된 추억이었다. 그렇게 1년여를 지나던 어느 날 그녀의 결혼 청첩장을 받았다. 나는 결혼 선물로 비발디의 LP 세트와 무스타키의 샹송 LP, 그리고 결혼 축하카드를 등기로 보내주었고 몇 번 감사 편지와 문안 편지를 주고받다 연락을 끊었다

튀빙겐! 철학과 신학, 문학과 낭만이 넘치는 대학도시 2번째 학기를 마치고 기말 논문도 모두 제출하고, 2월의 파싱1)이 시작된 그즈음 어느 날 처음 보는 독일 여학생이 기숙사로 찾아와 오늘 밤 파싱에 누가 나를 초대했다며 꼭 오라는 것 네카강 다리 건너 기차역을 지나 찾아가니 독일 대학생들만의 축제였다 칠팔 명 정도 남녀는 춤을 추고 한 무리는 구석에서 맥주를 마시며 시끌벅적하다 젊음을 불태우는 밤의 열기는 광란이었다 초대한 여학생(Renate P.)이 내 파트너가 되었는데 그녀는 생물학을 공부한다며 자기소개를 하고 이곳 친구들을 한 명씩 소개해주었다 역사학을 전공하는 오빠 부부와도 통성명했다 그날 밤 모두 술에 취해 여기저기서 너부러져 자기도 하고 몇 명은 돌아가고 아침이 되어서는 모두 돌아갔는데 나는 아침 식탁에서 그녀와 이런저런 이야기를 나누며 오후까지 있었다 그녀는 조용하고 퍽 수줍음이 많은 소녀였다 이렇게 레나테와 만남이 시작되었고 우리는 아는 사이에서 점점 가까운 사이로 그리고 거의 매일 만나는 연인이 되었다 여름방학 때는 케트비히에 사시는 부모님 댁에도 가서 며칠 지내고 덴마크 스웨덴 노르웨이로 여행도 함께했던 사이였는데 그녀가 어떻게 나를 알았는지는 아직까지 수수께끼

1) 파싱Fasching, Fastnacht : 독일의 카니발. 성회 수요일 전 1주일 정도 즐기는 사육제.

남녀관계에선 돌발 상황이 때로는 눈물로 끝 맺히기도 한다 그 아픔은 오래갔다 얼마나 지났을까 마렌(Maren H.)이 내 눈을 사로잡았다 그녀는 적극적이고 다부지며 퍽 재미있는 여학생이었다 우리는 너무 빨리 마음을 열었고 너무 빨리 가까워졌다 넥카 강가에서 낭만을 만끽하며 우리만의 시간을 아름답게 채색해가곤 했다

튀빙겐 시청에서 결혼한 그날 이후 나는 한 여인만을 사랑했고 그녀는 내 품에 안겨 천국으로 떠나갔다 그녀가 남긴 건 우리의 살과 피를 섞어 빚은 조각 3점

석양녘, 창가에서 나와 젊음을 함께 보냈던 여정의 동반자들, 아련히 떠오르는 아름다운 얼굴들, 그때를 회상하며 내 인생의 서사시를 읊어보았다 사랑, 내 삶이여!

가슴과 가슴을 엮으며

밤마다 속삭이는 그대의 음성
헤어짐이 남긴 메아리런가
애달픈 심곡(心曲)이런가
그래서 이 밤
갈바람 타고 내게 스미어
가슴과 가슴을 엮으며 떠나지 않는가

고향의 향기는 동화로

개울 저편 뜨락에서 고기 굽는 연기
먼발치에선 계곡을 끼고 오가는 차의 매연
머잖아 고향의 향기는 동화로 암호화될 테지
달나라 계수나무 향기가 뇌리에서 가공되듯이
백 년 후엔 무엇이 사라지려나
이백 년, 삼백 년,
그 후엔, 그 후엔…
그래서 인간마저 사라진 후의 지구
그땐 새로 생겨난 괴물이 괴물을
'고향 같은 친구'라 부르지 않으려나
아, 상상조차 끔찍한 인류의 종말이여
그때를 만들어가는 거인이여
너에게도 내일이 있는가

4부

영원한 짧은 순간

그녀 몸에 생명의 씨를 뿌리리라

1
삭풍이 옷깃에 스밀 때쯤이면
숲과 평원이 눈으로 덮여간다
도시는 자동차 물결을 이어가며
겨울의 순결을 짓이겨버린다
겨울의 깊음이 흘리는 눈물은
차가운 얼음이 되어
연인의 순결한 마음이 아니고서는
눈꽃을 피울 수 없다
서로 뜨거운 가슴을 섞어가는
거기에 겨울의 정경이 담긴다

2
추위와 긴 어둠을 거둬들이고
겨울이 살며시 봄을 불러들인다
그리곤 산머리 눈 녹아내리는 소리
성엣장 밑으로 물 흐르는 소리 들으며
강물과 함께 어디론가 가버렸다
들녘에선 봄이 대지의 숨결 되어
생명을 틔우러 바쁘게 달려온다
나는 봄마다 그래왔듯이
그녀 몸에 생명의 씨를 뿌리리라
가을에는 그 열매로 축배 주를 담그고

아, 난세는 오는가

작금의 작태를 보노라니
문생들이 필력을 휘갈겨
주상 전하에게 진언하고
산적한 비책 정책화하려
밤낮으로 온갖 궁리함에
암호로 상소문 놀이하는
논객의 비수가 번쩍인다

세월은 역사에 남겨지고
잡초는 짓이겨도 성하고
성군의 치적은 황천길에
만백성 가슴이 말하리니
누가 한 치 앞을 알리오
졸개는 주상의 눈물이오
고언 충정엔 귀가 없네

아, 이게 무슨 변고인고
이젠 쥐마저 들끓는구나

새로운 풍속도

전후에 모두 어렵던 시절에도
의식주가 팍팍했던 시절에도
세시풍속 정취에 삶은 흥겨웠고
봄엔 꽃구경하며 동심으로
여름엔 냇가에서 물질하며 피서하고
가을엔 단풍놀이로 산을 찾으며 야호
겨울엔 썰매, 팽이 놀이, 군고구마 호호

월남 전장, 독일, 중동 등지에서
아들딸들이 보내온 목숨 같은 송금으로
경제 부흥이 되어
살기 쬐끔 좋아지니 언제 가난했냐는 듯
어깨와 목에 잔뜩 힘주고
오지 원주민 촌락,
경제 후진국 휘젓고 다니며
거드름 피우다 IMF 작살 맞고

나라가 부도 맞아 망할 지경이 되자
구국일념의 국민이 나서
약혼반지, 결혼반지, 패물들과
아기들 돌 반지까지 내놓아 살려주니
한동안 낯짝을 못 들고 쥐죽은 듯이 근신하다

두어 돌기 숨 돌리고 나선
내로남불, 쌈박질
애들 닮아 놀이마당에 멍석 펴놓고 불장난질
역사는 흐른다지만 이렇듯 기형으로 흐를 줄이야
이러다 언제 폭삭 망하려고
이젠 국민이 샅샅이 털려 내놓을 패물도 없는데

한편에선 천우신조가 도왔다며
코비에 '성은이 망극하옵니다' 울랄라
코비는 코비(鼻)를 막으라 하고
입을 봉하라 하고
발을 옮기지 말라 하고
사람을 만나지 말라 하고
교회에 출입하지 말라 하곤
어떤 다중이용시설은 출입 자유
정책은 입맛대로 골라 먹는 부패식당

코비가 이젠 한국정치무대의 대부
다음엔 중국이 이보다 더 강한 괴질
역병을 밀사나 칙사로 보내올지도
'성은이 망극하옵니다 씨이… 주석'
팔로군, 마적단, 홍위병…
그 후손들 피 어디로 흐르랴
그런데 거기에 머리 처박아도 되나

조용한 아침, 국화 향기 그리움이여

1

조용한 아침
어둠을 뚫고 새날이 열리고
어제의 해는 오늘도
누리에 희망의 빛을 쏟아붓건만

병들어가는 몸
그대의 가쁜 숨소리
쉼 없는 고통의 신음
살을 파먹는 기생충들
피를 말리는 바이러스들
뇌마저 마비시키는 암세포들
이젠 뼈도 곪히어 몸이 죽어가누나

질풍노도의 광기,
해마저 삼키곤
촛불로 세상을 밝힌다는데
어찌 그 빛이 생명을 틔우며
장미꽃 한 송인들 피울 수 있으랴

그대의 품에서 내 희망은 싹텄고
오늘까지도 그대는 나였는데

쓰러져가는 그대를 보노라니
내 마음에 슬픔이 한으로 맺히네

2
국화 향기 그리움에 담으며
그대의 생명이 약동하던
꿈과 희망과 자신감 넘치던
그대의 몸이 이젠 만신창이 몰골로
산산이 쪼개지며 무너져 내리니
원시의 시대로 회귀하는 것 같구나

사방에서 맹수들이 달려들고
북풍에 마음마저 아리어오니
어둠 속 동굴에 몸을 숨긴들
어찌 사람살이가 사람살이리오

그대의 품에서 내일을 열려 했건만
머잖아 아들딸 외국에 노예로 팔려갈 판이니
아픈 몸에 살을 에는 슬픔마저 안겨져
눈이라도 감고 영면할 수 있으려나
아, 이렇게 그대는 죽어가누나

현실과 이상

잠이 안 온다
궁상인지 망상인지
밤을 낚아가다 새벽을 맞는다

시는 어제를 그리며
언어의 수채화를 써 내려간다
그림은 어제와 오늘, 내일을 적당히 빚어가며
색깔의 언어로 자연을 창조한다
음악은 창생의 원음을 현재의 소리로 조화하며
새로운 말을 만들어간다

신화는 지금이 태초의 탈바꿈이라 믿고
종교는 내세가 실재라고 믿으며
과학은 결과가 진리라고 믿는다

유모차의 아기는 엄마가 부럽고
중년에는 돈 많은 게 부럽고
휠체어의 노인은 공갈 젖 빨며
유모차에 앉아 노는 아기가 부럽다

정치는 빙그레 쌍 얼굴로 국민을 홀리고
위선의 마스크로 양심을 가리곤

순수한 영혼을 마취하는 요술
경제는 언제나 내일을 무지개로 펼치겠다며
허풍으로 국민을 흥분시키는 환각제
사회는 권력자가 법과 정의를 내세워 가며
제 맘대로 가지고 놀 수 있는 노리개
문화는 온갖 잡탕을 섞어 꿀꿀이죽처럼 만들고
거기에 각 나라 양념을 뿌려
때깔스레 포장한 중독성 GMO 범벅이

하늘에서 들려오는 천상의 곡소리
이젠 귀를 열어라
"민중의 목소리는 신의 목소리!"
낙조에 물들어가는 핏빛 황혼
이렇게 오늘이 지누나

빛이여, 내일을 잊지 말라

흘러가는 물은 굽이돌며
새 물결을 일으키고
내일을 품은 자는
새 물결에서 희망을 낚는다

물은 흘러 창해를 이루고
젊음은 내일을 창조하며
썩어가는 숲을 갈아엎나니
빛이여, 내일을 잊지 말라

모정의 포도잎

모정(茅亭)의 포도잎도 내 곁을 떠나누나 그래서 하늘도 하염없이 눈물을 흘리는가 회색빛 하늘이 빗줄기에 얹혀 쏟아지고 어둠에 묻혀 내리는 비는 석별의 밤을 적셔간다 꿈의 나래를 펴며 젊음에 내일을 채워가던 우리의 시간은 무망(無望)하게 지나가고 홀로 남은 내겐 아픔만 남겨졌네 뜨거운 여름, 네 그늘 덮고 누워 달콤한 향기에 취해 보지 않고는 누가 이 마음을 헤아릴 수 있으리오 나도 머잖아 이곳을 떠나 아무도 만날 수 없는 머나먼 곳을 떠돌며 세월에 묻혀가리라 그렇게도 믿고 또 믿었던 모정(慕情)마저도 계절을 피할 수 없었다니…

망부석

눈보라 휘어 날고
칼바람 몰려 불면
맘까지 얼어 오고
사철에 바람 일면
몸마저 시릴 텐데

고갯길 외론 석상
그렁한 눈에 담긴
그리운 임의 얼굴
무사히 오는 모습
언제나 보게 되랴

까치도 떠나 버려
적막한 하늘 아래
외로운 그녀 모습
오늘도 아린 맘엔
절개만 깊어 가네

영원한 짧은 순간

늦가을 철새도 떠나고
저 꽃마저 이울어지면
아름다웠던 시간도
낙엽에 묻혀 갈 텐데
내 어찌 그때를 잊으리오

시간은 영원이어라
꽃봉오리 벌어지며
달콤한 꽃내음에 빨려들던
영원한 짧은 순간
내겐 한 송이 꽃이 피었다

개 타령

꽃길 나들이 아장아장 어린아이
제 몸보다 큰 불도그에 자지러지는데
“물지 않아” 개 엄마 하는 소리
입마개도 목줄도 하지 않은 개
개입에선 끈적한 침이 흘러내린다

궁궁거리며 뺨을 핥고 입술을 핥으며
행복하게 노는 개와 개 엄마
입양하지 않았으면 어디서 이런
즐거움을 맛볼 수 있었으랴

폭발물 탐지견, 마약 탐지견, 검역 탐지견,
군견, 인명 구조견,
저들은 자기 목숨을 내건 충견

보신탕용 사육견, 병·의학용 마루타견, 복제견,
몸 주고 온갖 장기 적출당한 후 버려지는
저들은 인간 위해 살다 고통만 안고 가네
개만도 못하게 살다간 저 개들

주인에게 버림받고 길거리를 헤매다 생포되어
유기견 수용소 철창살이 중

보석금 주고 입양되지 않은 개의 최후
약물로 사형집행
사형견이 남긴 마지막 한마디
"내 죄가 뭐예요?"

인간의 잔인함이 이 정도
하지만 모든 개가 이렇듯 충견이며
희생 본능이 투철하랴

개 중에는 몇 년, 몇십 년을
주인 밥상에 붙어먹으며
제 새끼들도 포동포동 잘 키워온 놈들이
떠돌이 개장수가 던져준 육포 몇 조각에
모시던 주인 명줄 물어뜯고
주인 같이 하는 놈들
이런 놈들이 새 주인 물어뜯는 건 시간문제
개 혈통에 이런 피는 없는데
별종이니 빨리 거세하여
악의 씨 뿌릴 수 없게 해야 하는데
이런 씨가 퍼지면 개새끼 키우며
돌봐주다 결국 그놈에게 물려
황천 가는 건 뻔한 일

충견은 사라져 가고
배신견, 살인견, 광견 등이 날뛰니

개의 야생본능인 들개로 퇴화,
아니면 그것도 진화
개의 소시오패스(sociopath)가 지금
사회성을 무너뜨리니
내일이 무섭구나
언제 개에 물릴지
개만도 못한 개 같은 세상

아, 이를 어찌할꼬

문명이 만들어가는 유령
지구를 덮어가는 죽음의 찌꺼기
송장이 쌓여가는 순간마다
유령의 축제는 지축을 울리누나

아, 이젠

어느 시인이 해달별을 읊조리며
어느 가인이 대자연을 노래하랴
저들도 머잖아 유령의 춤꾼이 될 텐데
어쩌다 이 지경에 이르게 되었는고

아, 이를 어찌할꼬

어머니 꽃젖 빨며

네 맘으로 꽃을 보는 것
굴절된 것은 마음만이랴
꽃이 춘화로만 보이는 눈엔
천사도 꽃뱀이런가
아서라
너도 어머니 꽃젖 빨며 너 되었거늘
어이 꽃을 짓밟느냐

꽃들도 지금 눈물로 통밤 새네
시궁창에 꽃잎 담그라기에
네 딸에게도 그럴 위인이여
꽃물로 채워진 몸에 독물이
매춘사회학으로 출렁이고
뭇 여성 여린 마음 찢으며
매춘 권하는 입엔 거품 물겠지

시대는 새로움을 열거늘
시간을 거슬러 올라가며
군국주의 향수에 젖어 들어
짬밥 한 순갈 물리고 총칼 꽂으며
순결을 한입으로 삼켜버리는
이런 게 군사문화라니

네 혀는 참으로 위대하구나

미투 시류를 역행하고 있으니

그래도 그때가 좋았지

해방되어 어수선하던 서울 분주하게 오가는 전차, 버스, 인력거, 볏짐 실은 소달구지와 숯가마 실은 마차, 그리고 그 옆으로 30년형 택시가 가끔 지나던 서울 풍경 그래도 그때가 정겹게 다가온다

전후, 폐허 속에서 하루하루 살아가기가 퍽 고달프긴 했지만 그래도 부흥의 희망과 내일의 서광을 기다리던 그때가 꿈이었나 현실이었나

반공반일을 외치며 해방된 역마차 노래 들썩이던 서울의 거리, 꽃전차 돌던 그때, 거리의 슈사인보이, 다방 돌던 양담배 껌팔이 소년들과 할머니들, 이렇게 하여 형제들, 손자 손녀들 키워 출세시키며 늙어갔어도 꿈이 이루어져 갔으니 이젠 그때 그 풍경이 새삼 뭉클하게 느껴온다

노점상하며 경찰과 단속반원들에게 장사 매대 뒤집히고 끌려가고 하면서도 그럭저럭하다 보니 자그마한 점포도 집도 한 채 생기고 이렇게 하루하루 지내다 보니 자식들 판검사, 의사, 외교관도 되고 각자 제 갈 길 찾아가며 노력하여 성공하니 눈감으면서도 웃는 얼굴로 영면하던 부모님 세대 그래도 그땐 사람 사는 냄새가

넘쳤지 그때가 이젠 완전히 박살 난 세상이 되어 희망은 절망으로, 꿈은 개꿈으로 조촐한 살림살이 조금씩 늘어나던 즐거움은 물거품이 되어가고 있으니 더욱 그때가 그립구나

부모와 형제자매, 친인척들이 십시일반 조금씩 도와줘 집 한 칸이라도 마련하게 되어 가정을 꾸리게 되었는데 이젠 증여세, 상속세, 가족에게 몇 푼 꿔와도 차용증 쓰고 이자 지급 각서 쓰고 날인해야 하는 삭막한 가족관계, 이러니 이젠 집 장만도 할 수 없고, 직장도 구할 수 없고 결혼도 못 하고 그저 그렇게 백수로 지내다 결국에는… 차마 입에 담을 수도 없는 끔찍한…

이젠 옛날 그때 그 시절이 내가 보고 느끼고 체험한 세상이었나 허황한 망상의 꿈이었나 하는 생각이 문뜩 문뜩 드누나

아, 이젠 그런 시절이 오지 않겠지 생활이 좀 궁핍했어도 자식들 성공하고 재산 느는 보람이 있어 힘들고 고달프긴 했지만

그래도 그때가 좋았지!
그래도 그때가 좋았지!

후회

생각할수록 후회스럽다
열심히 살아가려고 했건만
그러나 내게 남겨진 건
돌이킬 수도
다시 돌려놓을 수도 없는
살가죽 비늘 같은 죽은 세포의 조각뿐

내일은 오늘을
그 내일은 또다시 그 전의 사건을
뇌 속 세계는
굴러가는 수레바퀴의 자국만
존재의 흔적으로
앎은 존재하지 않는 것인 듯
그리곤 곧이어
후회의 한숨으로 넋을 놓는다

후회한들 무엇하랴
다시 시작할 수 없는데
그 시절 그리워도
어제 그 시간도 공간도
그곳에 얹힌 모든 게 신기루였으리니

산다는 게 언제나 실체인 듯 허망한
기억 속 회상일 뿐
그 구상은 한 번도
지속의 과정을 넘어서질 못했으니
살며 다음을 바라보아도
다음에 함몰되어가며
삶은 후회에 길들어져 간다

내일을 기다릴 수 있으련만
그러나 나는 안다
내겐 새로운 게 다시
후회의 늪에 빠지리라는 것
그 이후엔 후회도 없으리라

암흑의 밤은 쉬 지나가리라

1
코도 입도 덮혀지고
로마도 뉴욕도 봉쇄되고
나폴리도 사자의 굴이 되어가누나
바티칸도 비상이네
이탈리아엔 묘지가 없고
러시아엔 길이 없고
스페인엔 대책이 없구나
십자군도 이젠 지쳐 쓰러지고
구원의 손길마저 끊겼구나

2
아메리카 페스트는 팬데믹 페스트
이 역병에 삼켜진 영령들
무슨 죄로 이 재앙에 희생됐나
해가 중천을 지날 땐
석양의 노을이 자석처럼
빛을 끌어당겨 안으려 하고
빛 속에 어슬녘 하늘은
내일을 열어갈 궁리에 내몰리는데
이제 이 역병,
코로나의 끈질긴 공격은

언제 노을 속 어둠에 묻혀
영멸의 불구덩에 던져지려나

3
교회가 이 땅에선 저주의 주홍글씨
쇠사슬에 묶여 어둠에 던져지니
카타콤의 신앙이 빛을 발하는구나
이 긴 수난의 굴레길
적그리스도 네로는 로마를 불태웠고
코로나 덤터기는 신앙의 자유를
마스크로 씌우며 네로의 길을 밟아간다
이젠 포도나무 한 그루인들
이 땅 어디에 심을 수 있으랴
어둠의 마수가 밀려오고 있으니
하지만
카타콤 속에서 뜨거운 불길이
어둠에 등불이 되어오나니

　빛을 받아라!
　빛을 받아라!

암흑의 밤은 쉬 지나가리라

독백

이제는 말할 수 있느냐
행복했다고

이제는 웃을 수 있느냐
즐거웠다고

아니

이제는 그럴 싹수조차 사라졌기에
어제가 내겐 동화 세상 같단다

싸움

주먹으로 싸우면 내 주먹도 아프다
말로 싸우면 내 혀도 아프다
낮술 동아리 채 퍼마시고 눈알 돌아간 놈
물불 안 가리고 천방지축 광견처럼 날뛰는데
누가 저와 맞서랴

천하 무서울 게 없다며 저가 쾌재를 불러도
저에게 매질 당해 장독으로 죽어간
숱한 원귀의 곡소리로 밤마다 미쳐가리라
몸속에 퍼져가고 있는 저주로
고통스레 죽어가리라

새삼
길이 아니면 가지 말라던
선현의 말씀이 깨우침을 주누나

원귀의 곡성

지금 음지에 있는 검은 땅에서는 앞으로도 그리고 그 다음다음에도 환희의 노래와 희망의 속삭임을 들을 수 없으리라 하데스에는 영원히 그 나름의 저주가 덮여 있으니 거기서 들려오는 아비규환, 원귀의 곡성이 지축을 울리겠구나

한승홍 시집

1권~4권 시 목록

『나무에게 배우다』 한승홍 1시집

자서
시 쓰기의 탈형식주의 - 시성(詩性)의 자유

1부 시원의 시간
조약돌을 보며
3월
나무에게 배우다
시원의 시간
바람의 미학
시간의 속삭임
바람의 사계
브룬펠시아
폭풍우 몰아치던 밤
저 꽃, 외로운 마음에
악맹의 노래
기러기 떼
브라질 이민선
사람살이
애련의 추억
4월의 그날
애가 - 6 · 25에 부쳐
바닷가에서
인생의 미로에서
전쟁의 상흔

이것은 무엇인가
장미꽃 고이 안고
임은 오지 않고
잃어버린 크리스마스
사랑이여, 안녕!
비련의 노래
환우에 부치는 편지
꿀 많은 꽃
여명
어머니 생각
홍매화
아아, 내 운명의 어머니!
백합
꽃
당신이 지펴놓은 불길
비는 내 마음을 적시며
눈을 감는 순간까지도
추억으로 찾아와 내 품에
어머니
장미꽃, 그대여!
그리움을 바람에 실어

작품해설
서사와 서정, 그 알레고리
김순진(문학평론가 · 시인)

『유리온실』 한승홍 2시집

『열쇠와 자물쇠』 한승홍 3시집

『천사의 음성』 한승홍 4시집

시인의 말

이번에 다섯 번째 시집을 내게 되었다. 지금까지 발표된 400여 편의 시편들은 시간의 흐름을 타고 감성을 드러냈지만, 시의 보편적 규범(規範)을 따르지 않았다는 공통성이 있다.

시 문학의 전형을 나는 내 나름대로 벗어나려 했고, 나만의 시를 만들려고 했다. 때로는 형식(形式)의 틀을 파괴하는 기행으로, 때로는 나 자신을 적나라하게 고백하는 벌거벗는 모습으로 나는 시상을 그려갔다.

나는 문학 평론가들의 평가(評價)를 의식하며 시를 쓰지 않는다. 나는 이에 연연하지 않고 내 감성, 때로는 내게 밀려오는 감정의 기폭을 서정적으로, 가끔은 서사적으로 진솔하게 써가며 즐길 뿐이다.

나는 내 틀에 맞추어 시를 써가며 내 시편들에 대한 나만의 시성(詩性)에 만족한다. 나의 이러한 태도가 고집스러운 괴변처럼 들릴 수도 있겠고, 고독한 단독자의 자기변명처럼 들릴 수도 있을 것이다.

시에는 사회 현상에 대한 시인의 의식(意識)이 담기게 마련이다. 나의 시집 각 권에도 시론적 시편이 몇 편씩 실려있다. 삶의 터전을 잃고 절규하는 민초(民草)의 마지막 울부짖음을 외면할 수 없었기 때문이다.

나그네에게도 갈 길이 있고
남겨진 발자국에도 길이 있다
거기에서 나는 참 빛을 만났다
이 빛을 벗들과 나누련다

2021년 4월 8일

韓 崇 弘

한승홍 5시집

N극과 S극

초판인쇄일 2021년 4월 12일
초판발행일 2021년 4월 15일

지은이 : 한승홍
발행인 : 김순진
편집장 : 전하라
디자인 : 김초롱
펴낸곳 : 도서출판 문학공원
등 록 : 2004년 3월 9일 제6-706호
주 소 : 우편번호 03382 서울 은평구 통일로 633
녹번오피스텔 501호 스토리문학사
전 화 : 02-2234-1666
팩 스 : 02-2236-1666
홈페이지 : http://www.munhakpark.com/
이메일 : 4615562@hanmail.net

※ 책값은 뒤표지에 있습니다.
※ 저자와의 협의에 의해, 인지는 생략합니다.